まいにち ウォッチャーズ

小学校入試 段階別ドリル

難易度 ★★★★★

応用編 Lv.3

日本学習図書 ニチガク

はじめに

　本書は弊社の人気シリーズ「小学受験　入試カレンダー問題集」の趣旨を引き継ぐ問題集です。

　本シリーズは、お子さまの学力の伸長にあわせた段階別の編集になっています。数量・図形・記憶などのペーパーテストに出題される分野だけでなく、巧緻性の分野もカバーした、総合的なものとなっています。弊社の「ジュニアウォッチャー」「NEWウォッチャーズ」など、これまでの分野別にまとめられた問題集とは違う特徴のある内容ですから、お子さまの学力を段階的につけることができます。

　この本（「まいにちウォッチャーズ　小学校入試 段階別ドリル応用編③」）は、おもに5～6歳児、ある程度学習積んだお子さまを対象とした内容となっています。ご家庭での学習の際には、保護者の方が問題の終わりにあるアドバイスを読んで、問題の解き方を理解し、お子さまが何度も繰り返し解き直してください。学力の強化とともに、規則正しい学習習慣が身近なものになります。この本の使い方としては、毎日少しずつ練習し、1度できた問題でも何度も復習することが理想です。繰り返し練習の過程で、お子さまが答えを覚えてしまう場合もありますが、そのような時は、4ページの一覧表を参考にして弊社の分野別問題集から最適な一冊を選んでいただき、さらなる実力アップを目指してください。

　末筆になりますが、本書が小学校受験でよい結果を得る一助となることを願っています。

日本学習図書株式会社　編集部

「まいにちウォッチャーズ 小学校入試 段階別ドリル」シリーズ

タイトル		問題の難易度	詳　細
導入編	Lv. 1	☆☆	学習のはじめの一歩となる基礎学習。1から5までの数など。
	Lv. 2	☆☆〜☆☆☆	ハサミなどの道具の使い方や、言葉では同頭音語など、範囲を広げた基礎学習。
	Lv. 3	☆☆〜☆☆☆	3〜5までの数など、導入編では比較的難しい問題も収録。
	Lv. 4	☆☆☆	季節の知識、複合問題など、導入編の学習のおさらい。
練習編	Lv. 1	☆☆☆	導入編よりも複雑で、知識と思考力を必要とする問題を収録。
	Lv. 2	☆☆☆〜☆☆☆☆	シーソー（推理）、図形の構成（図形）など、実際の試験によく出る問題の基礎学習。
	Lv. 3	☆☆☆〜☆☆☆☆	生物の成長、マナー（常識）、ブラックボックス（推理）など、応用力が必要な問題演習。
	Lv. 4	☆☆☆☆	実際の入試を想定した、練習編のおさらい。
実践編	Lv. 1	☆☆☆☆	数量の聞き取り、お話の順序など、聞く力を中心に学習します。
	Lv. 2	☆☆☆☆〜☆☆☆☆☆	これまでより少し難しい問題で、初見の問題にも対応できる思考力を身に付けます。
	Lv. 3	☆☆☆☆〜☆☆☆☆☆	図形・数量・記憶・常識分野の問題を中心に、解答方法が複雑な問題に対応する力、難しい問題を正確かつ時間内に答える力を身に付けます。
	Lv. 4	☆☆☆☆☆	重ね図形、ひも結びなど入試によく出る問題と、実践編のおさらい。
応用編	Lv. 1	☆☆☆☆☆	要素の多い複合問題と応用力を必要とする問題で、実力をさらに強化します。
	Lv. 2	☆☆☆☆☆☆	Lv. 1 よりも、さらに複雑で応用力の必要な問題を掲載。思考力を伸ばします。
	Lv. 3	☆☆☆☆☆☆	ケアレスミスや思い込みによる失敗をしないための課題演習。
	Lv. 4	☆☆☆☆☆☆	1レベル上の総合問題と発展問題。応用編の総まとめ。

※この表を参考にして、お子さまの学力にあわせた問題集をお選びください。

☆実力アップのための　オススメ問題集☆

・問題に取り組む中で、苦手な分野がわかったら、その分野の類似問題に取り組み、苦手をなくしましょう。

・弊社発行の「Ｊｒ・ウォッチャー」シリーズは、小学校入試で出題頻度の高い分野を細分化した問題集です。
　基礎を徹底して学べるだけでなく、苦手分野を克服するための学習にも最適です。

分野	問題	オススメ問題集
図形	問題4	Ｊｒ・ウォッチャー3「パズル」
	問題5	Ｊｒ・ウォッチャー4「同図形探し」
	問題2	Ｊｒ・ウォッチャー16「積み木」
	問題7	Ｊｒ・ウォッチャー35「重ね図形」
	問題6	Ｊｒ・ウォッチャー46「回転図形」
数量	問題1・3・30	Ｊｒ・ウォッチャー14「数える」
	問題1・30	Ｊｒ・ウォッチャー37「選んで数える」
	問題30	Ｊｒ・ウォッチャー38「たし算・ひき算1」、39「たし算・ひき算2」
	問題3	Ｊｒ・ウォッチャー42「一対多の対応」
巧緻性	問題2・13・14	Ｊｒ・ウォッチャー23「切る・貼る・塗る」

分野	問題	オススメ問題集
記憶	問題25・26・29・30・31・32	Ｊｒ・ウォッチャー19「お話の記憶」
	問題24・27	Ｊｒ・ウォッチャー20「見る記憶・聴く記憶」
常識	問題19	Ｊｒ・ウォッチャー11「いろいろな仲間」
	問題16・18	Ｊｒ・ウォッチャー12「日常生活」
	問題17・18	Ｊｒ・ウォッチャー27「理科」、55「理科②」
	問題15・18・26	Ｊｒ・ウォッチャー34「季節」
言語	問題22・23	Ｊｒ・ウォッチャー17「言葉の音遊び」、60「言葉の音（おん）」
	問題20・21	Ｊｒ・ウォッチャー21「お話作り」
	問題22	Ｊｒ・ウォッチャー49「しりとり」
推理	問題12	Ｊｒ・ウォッチャー6「系列」
	問題8	Ｊｒ・ウォッチャー15「比較」、58「比較②」
	問題11	Ｊｒ・ウォッチャー32「ブラックボックス」
	問題9	Ｊｒ・ウォッチャー33「シーソー」

※オススメ問題集の分野は、内容によっては問題の出題分野と一致しないことがあります。

※書籍の詳細・ご注文は、弊社ＨＰ（https://www.nichigaku.jp/）まで。

☆繰り返し練習の記録☆

・正解、不正解にかかわらず、同じ問題を2度3度繰り返して解くことで、実力がアップします。
・解いた日とその結果を記録して、効率のよい復習をしましょう。
・2回目は1～3日以内に、3回目は2週間後ぐらいに繰り返すと効果的です。
・結果の記入例：◎（よくできました）、○（できました）、△（もう少しがんばろう）

問題番号	分野	1回目 日にち	結果	2回目 日にち	結果	3回目 日にち	結果
問題1	数量	/		/		/	
問題2	複合	/		/		/	
問題3	数量	/		/		/	
問題4	図形	/		/		/	
問題5	図形	/		/		/	
問題6	図形	/		/		/	
問題7	図形	/		/		/	
問題8	推理	/		/		/	
問題9	推理	/		/		/	
問題10	推理	/		/		/	
問題11	推理	/		/		/	
問題12	推理	/		/		/	
問題13	巧緻性	/		/		/	
問題14	制作	/		/		/	
問題15	常識	/		/		/	
問題16	常識	/		/		/	

問題番号	分野	1回目 日にち	結果	2回目 日にち	結果	3回目 日にち	結果
問題17	常識	/		/		/	
問題18	常識	/		/		/	
問題19	常識	/		/		/	
問題20	言語	/		/		/	
問題21	言語	/		/		/	
問題22	言語	/		/		/	
問題23	言語	/		/		/	
問題24	記憶	/		/		/	
問題25	記憶	/		/		/	
問題26	複合	/		/		/	
問題27	記憶	/		/		/	
問題28	数量	/		/		/	
問題29	記憶	/		/		/	
問題30	数量	/		/		/	
問題31	記憶	/		/		/	
問題32	記憶	/		/		/	

※　　　　　の問題に、絵はありません。

この本のご使用方法

○問題を切り取り、プリント形式にしてから問題に取り組んでください。あらかじめコピーを取っておくと復習する際に便利です。

○保護者の方が問題文を読み上げる、または見本を見せた後、お子さまが筆記用具または口頭で解答する形式で進行してください。

<難易度>
問題の難易度を☆の数で表しています。お子さまの理解度のめやすにしてください。

<筆記用具>
解答に記号（○・△など）をつける場合に使用します。色の指定がない場合は、赤または黒の筆記用具をご使用ください。

<準備>
通常は切り取ったイラストのみをご用意ください。そのほかの特別な準備が必要な時は、問題ごとに指示があります。

<解答時間のめやす>
その問題に割り当てられるべき時間です。かなり短く感じますが、実際の試験を参考に設定しています。できるだけ時間内に答えるようにしてください。

<解答>
問題の中には、解釈によっては正答が異なる場合もあります。
当問題集では一般的な解釈による解答を掲載しています。ただし、お子さまが別の解答をした場合でも、保護者の方に納得のいく説明ができれば正解としてください。

<解答のポイント>
保護者の方がお子さまに指導する際の参考としてください。

① 数量（選んで数える）　　　　　　　難易度 ☆☆☆☆

〈問題〉①それぞれの四角の中に三角形はいくつありますか。答えてください。

〈解答時間のめやす〉各1分

〈解答〉①5個　②10個　③6個　④10個

〈解答のポイント〉
この問題では「三角形」を数えるという点に注意です。「同じ三角形」ではないので、3つの角があれば何でもよいということになります。中には底辺が平行でないもの、隣り合っているために辺が共通になっているものもあるので、よく観察してください。混乱しないように印をつけながら数えたいところですが、口頭試問なので筆記用具はないという設定です。今いくつ見つけたのかを忘れないように数えるという技術が必要になってきます。

② 複合（巧緻性・図形）　　　　　　　難易度 ☆☆☆☆☆

〈問題〉①上の段の積み木の家に積み木ごとに好きな色で塗ってください。塗り終えたら、下の段の積み木で同じ様に家を作ります。その時に使う積み木を上の段と同じ色に塗ってください。②の車も同じようにしてください。

〈筆記用具〉色鉛筆

〈解答時間のめやす〉5分

〈解答〉①使う積み木は○・◎・△・□
　　　　②使う積み木は○・◎・△・□・◇

〈解答のポイント〉
塗る作業はありますが、主に上に描かれた積み木を重ねた家や車と下の積み木（部品）を見比べて、どの積み木を使って作られたのかを見つける問題です。三角形や長方形、丸などさまざまな形の積み木があるので、それぞれの形と「組み合わせるとどうなるか」を考える必要があります。使ってある部品にチェックを入れながら作業するとスムーズでしょう。

③ 数量（1対多の対応）　　　　　　　難易度 ☆☆☆☆

〈問題〉①上の絵を見てください。この切り株の上にある花10本で花束を作ります。花がたりない数だけ、イチゴの四角に○を書いてください。
　　　　②葉っぱを1枚とドングリ2個をセットにしてタヌキさんたちにあげようと思います。葉っぱを全部使うとドングリはいくつたりませんか。たりない数だけ、リンゴの四角に○を書いてください。
　　　　③クリ1個とドングリ2個を材料にして「やじろべえ」を作り、キツネさんたちにあげようと思います。「やじろべえ」はいくつできますか。その数だけ、ブドウの四角に○を書いてください。

〈筆記用具〉クーピーペン

〈解答時間のめやす〉各30秒

〈解答〉①○：3　②○：2　③○：4

数量分野の課題への対策の基本は、それぞれの問題の考え方を理解した上で類題演習を繰り返すことです。ただし、そこで解き方のテクニックやハウツーを覚えるのではなく、数に対する感覚を磨かないと、将来につながる学習になりません。例えばこの問題では、「セットになるものを○で囲み、数える」というハウツーがありますが、それだけを教えてもお子さまのためにはならない、ということです。

4 図 形（パズル）

難易度 ☆ ☆ ☆ ☆

〈問題〉この問題の絵は縦に使ってください。
それぞれの段の左端の形を、右側の形を使って作ろうと思います。その時、使わない形をそれぞれ右側の形の中から1つ選び、○をつけてください。形を作る時には、裏返したり、重ねてはいけません。

〈筆記用具〉鉛筆

〈解答時間のめやす〉2分

〈解答〉①左端　②右端　③左から2番目　④右から2番目　⑤左端

〈解答のポイント〉
まずは「使わない形を探す」ことに注意です。使う形と勘違いすると答えが多くなってしまいます。解き方としては実際に右の形（ピース）を左の完成図に移動させたと考え、使ったものにはチェックしていきましょう。この問題は左の完成図に分割線があるので、どの部品を使ってあるかはすぐにわかります。解答時間は短いのでスピーディーに解いていきましょう。

5 図 形（同図形探し）

難易度 ☆ ☆ ☆ ☆

〈問題〉この問題の絵は縦に使ってください。
上の四角の子どもを下の絵から探して○をつけてください。

〈筆記用具〉鉛筆

〈解答時間のめやす〉1分

〈解答〉下図参照

〈解答のポイント〉
同図形探しの問題です。複雑な絵のように見えますが、描かれているのが人物なので違いはわかりやすいでしょう。区別しにくい場合は表情や顔立ちなどの細かなもので比較してはいけません。混乱しやすくなります。男の子たちが持っている浮き輪や女の子が持っているボール、服装といったひと目でわかるもののほうが効率よく、同図形が見つかります。

6 図形（回転図形）

〈**問題**〉この問題の絵は縦に使ってください。

　　　　左の形の上に書いてあるダイヤのマークを、右の四角の中に書いて
　　　　あるところまで回すとどんな形になるでしょうか。右の形にたりな
　　　　い記号を書きたしてください。

〈**筆記用具**〉鉛筆

〈**解答時間のめやす**〉2分30秒

〈**解答**〉下図参照

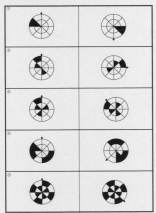

〈**解答のポイント**〉

　図形やマス目の中に違う図形がある図形を回転させるという問題は
図形分野の中でもかなり難しい問題です。わかりやすくするために
全体を一度に回転させるのではなくて、図形をいくつかに分解して
から頭の中で回転させましょう。①なら扇形の黒い図形を1つ抜き
出して回転させるのです。問題が進むにつれてその作業に慣れる
と、図形全体を回転させられるようになってきます。

7 図形（重ね図形）

〈**問題**〉この問題の絵は縦に使ってください。

　　　　左側の2つの形は透明な紙に書かれています。この2つの形を重ね
　　　　ると、どのような形になるでしょうか。右側の形に書き込んでくだ
　　　　さい。

〈**筆記用具**〉鉛筆

〈**解答時間のめやす**〉3分

〈**解答**〉下図参照

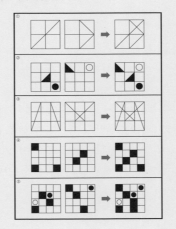

〈**解答のポイント**〉

　記入式の重ね図形の問題です。ここでも複雑な図形が出題されてい
るので分割して解いていきましょう。コツは「考えなくてもよい部
分は放っておく」です。例えば2つの図形で共通して何もない部分
は、重ねても透明なままです。考えなくてもよい部分があればそれ
だけ早く答えが出せるだけでなく、余計な間違いもしません。

8 推理（比較）　　　　　　　　　　難易度 ★★★★☆

〈問題〉車輪の大きさがそれぞれ違う一輪車があります。1回漕いだ時に進む長さは右の四角に書かれています。今から、1番上の一輪車を2回、真ん中の一輪車を5回、1番下の一輪車を7回漕ぎます。1番長い距離を進む一輪車に○を、1番短い距離を進むものに×をつけてください。

〈筆記用具〉鉛筆

〈解答時間のめやす〉3分

〈解答〉○：真ん中　×：1番上

〈解答のポイント〉
　1回あたりの進む距離が違う一輪車のそれぞれの進んだ距離を比較する問題です。大人が考えるとどうしても「1回転で進む距離×回数＝進んだ距離」と考えてしまいますが、小学校受験ではこの解き方は使えません。7回転するなら、7回たすと考えなければいけないということになります。こういった計算の結果、出てきた数は小学校受験の範疇を超えているので、イラストの目盛りにチェックを入れながら数えてもよいでしょう。答えの記号と混同されないように「✓」などの記号を使ってください。

9 推理（シーソー）　　　　　　　　難易度 ★☆☆☆☆

〈問題〉上の段を見てください。
　ミカン3個とリンゴ1個は重さが同じで釣り合っています。イチゴ2個とミカン1個は重さが同じで釣り合っています。では下のそれぞれのシーソーが釣り合うようにするためには、軽い方に何をいくつ載せればいいでしょう。載せるものを右の四角の中から選んで○で囲んでください。

〈解答時間のめやす〉1分

〈解答〉①ミカン1個とイチゴ1個、またはイチゴ3個
　　　　②ミカン1個またはイチゴ2個
　　　　③イチゴ1個
　　　　④ミカン5個またはイチゴ4個とミカン3個、またはイチゴ2個とミカン4個
　　　　⑤ミカン1個とイチゴ1個またはイチゴ3個
　　　　⑥リンゴ1個とイチゴ1個またはミカン3個とイチゴ1個、またはミカン2個とイチゴ3個またはミカン1個とイチゴ5個

〈解答のポイント〉
　かなり難しい比較（シーソー）の問題です。まず、リンゴ1個＝ミカン3個、ミカン1個＝イチゴ2個というルールをしっかりと頭に入れ、すべてのくだものを最小のもの＝ミカンに置き換えるという操作をします。難しいのはここからで、それぞれのシーソーが釣り合うように考えた数のミカンを違うくだものに再び置き換え、そのくだものに○をしていくことになります。解き方も答え方もかなり複雑なので、最初にできなくても落ち込むことはありません。しっかりと復習をして、考え方だけでも理解するようにしてください。

10 推理（比較）　　　　　　　　　　難易度 ☆★★★

〈問題〉動物たちはみんなでごはんを食べに集まってきました。お箸とお茶椀の準備がまだできていません。ゾウさんにはそれぞれ1番大きいものを、クマさんには2番目に大きいものを、タヌキさんには3番目に大きいもの、ネズミさんは1番小さいものを使います。それぞれ正しいものに線を結んでください。

〈筆記用具〉鉛筆

〈解答時間のめやす〉1分

〈解答〉下図参照

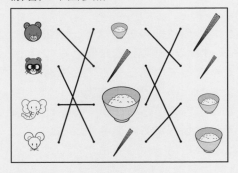

〈解答のポイント〉
大きさの比較をした後、問題文の指示にしたがって道具と使う人を線で結ぶという問題です。比較と言っても目で見てすぐに判断できるので、何を聞かれているのか、どう答えるのかを理解しているかがポイントになります。正しく理解するには問題文をよく聞くのはもちろんですが、聞いたことを整理してポイントを明確にすることが必要になってきます。ふだんの何気ないやり取りの中でも、保護者の方の工夫でそういった指示を理解する能力は向上します。例えば、おつかいを頼んで行く前に買うものを復唱させる、そういった機会を利用してください。

11 推理（ブラックボックス）　　　　難易度 ☆★★★

〈問題〉上の絵を見てください。星の絵が描かれたトンネルを通るとドングリが1つ増え、三日月の絵が描かれたトンネルと通るとドングリが3つ増え、太陽の絵が描かれたトンネルを通るとドングリが3つ減ります。この約束でトンネルを通っていくと、①②③のドングリの数はどうなりますか。それぞれの段の右の四角に、その数だけ○を書いてください。

〈筆記用具〉鉛筆

〈解答時間のめやす〉2分

〈解答〉①：1　②：4　③：7

〈解答のポイント〉
トンネルを通るたびに数が増減する、ブラックボックスの問題です。お約束にしたがって、トンネルを通った後の数の変化を、1つひとつ確認しながら数えてください。1つのトンネルを通るごとに数に印をつけていったり、おはじきを利用して数えたりして、段階的に変化をとらえることに慣れていきましょう。ブラックボックスの分野には、本問のような数の変化以外にも、図形の回転や変化をさせる問題もあります。どのようなパターンにも対応できるように、ふだんからお約束をよく見て、1つひとつ段階的に確認する練習を進めてください。

12 推理（系列）　　　　　　難易度 ☆☆☆☆☆

〈**問題**〉それぞれがあるお約束で並んでいます。四角の中にはどれが入りますか。正しいものを下から選んで線で結んでください。

〈**筆記用具**〉鉛筆

〈**解答時間のめやす**〉1分

〈**解答**〉下図参照

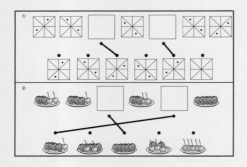

〈**解答のポイント**〉
系列の問題です。「○△☆」といった記号が連続するパターンとは違い、①では図形が回転、②では皿に載ったフルーツの数が増減するというパターンを見つけます。こういう問題を見たことのないお子さまは難しい問題かもしれません。ハウツーもありますが、安易に使わず、できるだけお子さま自身に考えさせるようにしてください。「お約束を見つける」という系列の基本に立ち返れば、パターンが見つけられるはずです。

13 巧緻性　　　　　　難易度 ☆☆☆

〈**問題**〉この問題の絵は縦に使用してください。
絵を見てください。うろこには黒以外、何も色がついていません。このこいのぼりの黒以外のうろこに色を塗ってください。ただし、隣同士のうろこに同じ色を使ってはいけません。

〈**筆記用具**〉色鉛筆

〈**解答時間のめやす**〉30秒

〈**解答**〉省略

〈**解答のポイント**〉
こいのぼりのうろこに色を塗るという巧緻性の問題です。どの制作問題にも言えることですが、結果はあまり評価の対象になりません。指示を理解し、それに沿って作業していることがわかればそれでよいのです。この問題の指示は3つ。①「うろこを塗る」②「色は黒以外」③「隣同士のうろこに同じ色を塗らない」です。①②は問題ないでしょうが、③はよく考えてから塗る位置を決めないと、指示に従わないことになります（となり合ったうろこに同じ色を塗ってしまう）。できれば作業する前に気づいておきたい点です。

14 制 作　　　　　　　　　　　　　　　　　難易度 ★★★☆

〈準備〉紙コップ、ビーズ、竹の棒（２本）、輪ゴム、セロハンテープ、
　　　　シール、フェルトペン

〈問題〉この問題は絵を参考にしてください。
　　　　今から「くるくる車」を作ります。お手本を見せますから、後から
　　　　同じようにして作ってみましょう。
　　　　（問題14の絵を参考に作り方のお手本を見せる）

〈解答時間のめやす〉10分

〈解答〉省略

〈解答のポイント〉
　入試の制作の問題では作り方を動画などで見せるケースが多いよう
です。それほど複雑な指示は出ませんが、忘れてしまうと何もでき
なくなるので、集中して聞いてください。お話を聞くように、ポイ
ントを押さえながら「流れ」を把握するのです。道具の使い方など
は年齢なりにできていれば問題ありません。素晴らしいものを作る
のではなく、指示通りのものを作るという意識で作業してみましょ
う。

15 常 識（季節）　　　　　　　　　　　　　難易度 ★☆☆☆

〈準備〉あらかじめ、絵を線に沿って切り取り、16枚のカードにしてお
　　　　く。

〈問題〉① （①～⑧のカードを）お正月や節分、ひなまつりに関係するカー
　　　　ドが８枚あります。それぞれの行事にカードを分けてください。
　　　　②今並べたカードに描かれているものの名前がわかりますか。言っ
　　　　てください。
　　　　③ （16枚のカードの絵を表にしてバラバラに置く）
　　　　絵をよく見て覚えてください。
　　　　（30秒後に絵を裏返す）
　　　　同じ絵が２枚ずつあります。絵をよく思い出して、同じ２枚を見
　　　　つけ出してください。同じ２枚を揃えられたら、そのままにし
　　　　て、間違えたら揃えたカード以外は裏返しにしてください。

〈筆記用具〉なし

〈解答時間のめやす〉５分

〈解答〉①②　お正月（①門松、②凧、③羽子板、④ししまい）、節分（⑤
　　　　豆まきの豆、⑥鬼のお面）、ひなまつり（⑦ひな人形、⑧ひし餅）
　　　　③省略

〈解答のポイント〉
　季節の行事に関する常識を問う問題です。最近は、地域、家庭によっては行わない行事も多いと思いますが、ここで出題されている行事程度は押さえておきましょう。体験するのが難しいようなら、写真でも動画でも構いませんが、必ず行事の現場を見せながら説明してください。小学校受験ではイラストを使って、「同じ季節に行われる行事はどれか」といった形で出題されることが多いのです。

16 常　識（日常生活）　　　　　　難易度 ☆☆☆☆☆

〈問題〉①上の段を見てください。火事になったらどうしますか。正しい絵を 2 つ見つけて○をつけてください。
　　　　②下の段を見てください。地震が起きたらどうしますか。正しい絵を 2 つ見つけて○をつけてください。

〈筆記用具〉なし

〈解答時間のめやす〉2 分

〈解答〉①左端、真ん中　②左端、右端

〈解答のポイント〉
　事故や災害などの対応については、「常識」として出題されます。こういった問題は、お子さまの知識という言うより、災害に遭った時の対処を家庭でどのように教えられているかということを観点にしていると考えてください。お子さまは、地震や火事が来たらどうしようとふだんは思っていないでしょうから、保護者の方が「そういう時は～する」と細かく教えておく必要があります。場所、時間、状況によって取るべき行動も違ってくるはずです。

17 常　識（理科）　　　　　　　　難易度 ☆☆☆☆☆

〈問題〉右の矢印から左の矢印まで行きます。行く途中、「水に浮くもの」があるところを通ってください。水に浮かないものや、1 度通ったところ、黒いマスは通れません。通った道に、線を引きながら進んでください。

〈筆記用具〉鉛筆

〈解答時間のめやす〉2 分

〈解答〉下図参照（ほかの道順でも正解となるものがあります）

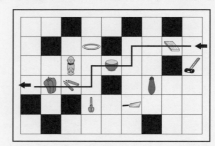

〈解答のポイント〉
　明らかに比重が水より重い金属などを除けば、ある物体が水に浮く・浮かないを判断するのは難しいことです。野菜などは、保護者の方でも判断に迷う場合があるのではないでしょうか。この問題の場合は、迷路と同じようにルートを選択しながら水に浮く・浮かないを判断するので、絵に描いてあるものが水に浮く・浮かないということがわからなくても、推理することはできますが、かなり難しい問題になってしまいます。こういった出題もあるということを想定して、生活の中でお子さまの経験値を上げることが、遠回りに見えてもっとも有効な対策と言えるでしょう。

18 常識（複合）

難易度 ☆☆☆☆

〈問題〉今から言うことが正しければ四角に○を、間違っているのならば×を書いてください。

①サクラは秋に咲く花です。

②明後日は今日から２日前の日のことです。

③季節は冬から夏になり、夏の後に春が来ます。

④冬は春よりも日が暮れるのが早くなります。

⑤ツバメは寒い冬の間は暖かい南の国にいて、夏になると北の方へ移動する鳥です。

〈筆記用具〉鉛筆

〈解答時間のめやす〉１分

〈解答〉①×：サクラは春咲く花

②×：明後日は今日から２日後の日のこと

③×：季節は冬から春になり、春の後に夏が来ます。

④○　⑤○

〈解答のポイント〉
常識分野の問題です。季節、理科などの知識を聞いています。常識問題のほとんどは日常生活で知ることのできる知識が出題されていますから、なるべくふだんの生活から知識を得ましょう。後はそれをどう補強し、関連付けるかです。こういった問題で知らなかったことがあればその知識を覚えるだけではなくて、関連することまで覚える。保護者の方はその様子を見ながら、知識を得たり、体験する機会を設けてあげるようにする。そういった工夫をすればほとんどの問題に対応できるようになります。

19 常識（仲間探し）

難易度 ☆☆☆☆

〈問題〉①上の段を見てください。左端の絵と同じ仲間のものを右から選んで○をつけてください。下の段も同じようにしてやりましょう。

②下の段を見てください。左端の人が今使いたいものはどれでしょうか。右から選んで○をつけてください。

〈筆記用具〉鉛筆

〈解答時間のめやす〉１分

〈解答〉①○：左から２番目（ハサミ）

②○：右から２番目（ぞうきん）

〈解答のポイント〉
上段は「文具」、下段は「掃除道具」という仲間でくくることができます。お子さまが、そのほかの仲間でくくった場合も、保護者の方にも納得のいく理由であれば正答としてください。仲間探しは、幅広い知識が必要です。動物や植物であればその性質、この問題のような日常目にする道具であれば使い方も知っておく必要があります。問題に出てきたものはもちろんですが、生活の中でお子さまが知らないものがあれば、保護者の方から声掛けして教えてあげるようにしてください。

20 言語（お話作り）　　　　　　　　　難易度 ☆☆☆☆☆

〈問題〉絵を見てください。ゾウのお話を左の「リンゴ、ボール、帽子、カ
　　　ラス」の４つをすべて使って作ってください。

〈解答時間のめやす〉３分

〈解答〉省略

〈解答のポイント〉
　お話作りに必要なものは、「語彙」「創造性」「常識」といったと
ころでしょうか。小学校入試は面白い話を作る人を探すためのもの
ではないので、年齢相応の知識・才能があれば充分ということで
す。どんな突飛な内容でも、聞いている人が理解できれば問題あり
ません。保護者の方も「何を話しているのかわかればよい」程度の
認識でお子さまのお話を聞いてください。

21 言語（お話作り）　　　　　　　　　難易度 ☆☆☆☆

〈準備〉あらかじめ、絵を線に沿って切り取っておく。上の段と下の段の紙
　　　を混ぜないように注意する。

〈問題〉（順番をバラバラにして上の段のカードを渡す）
　　　①１つのお話につながるように絵を順番に並べて、どのようなお話
　　　　しか教えてください。②も同様に取り組んでください。

〈解答時間のめやす〉２分

〈解答〉省略

〈解答のポイント〉
　お話作りに必要な知識・能力は前問の通りですが、この問題のよう
に生活で経験しそうなことが絵にしてある場合は、その体験があっ
た方がお話が作りやすいのは確かでしょう。全くの想像でお話を作
れるお子さまもいるでしょうが、多くのお子さまは出題された絵と
自分の体験を重ね合わせてお話を作るからです。

22 言語（しりとり）　　　　　　　　　難易度 ☆☆☆☆☆

〈問題〉問題の絵を見てください。
　　　①②左側の四角の中に描いてある絵から始めて、右側の四角の中の
　　　　ものにしりとりで正しくつなげた時、どうしてもつながらないもの
　　　　が１つだけあります。つながらないものに〇をつけてください
　　　③左側の絵からしりとりを始めます。今度は２番目の音を、次の言葉
　　　　の１番目の音にするしりとりです。例えば最初がミカンだったら２
　　　　番目は「カ」の音から始めます。２番目の音をつなげるしりとりで
　　　　進んだ時、どうしてもつながらないものが１つだけあります。つな
　　　　がらないものに〇をつけてください。④も同じように〇をつけてく
　　　　ださい。

〈筆記用具〉鉛筆

〈解答時間のめやす〉各２分

〈解答〉
①コイノボリ（ハサミ→三日月→キツネ→ネコ→コスモス→スケート）
②マイク（ラクダ→ダルマ→マクラ→ラジオ→お化け→ケーキ）
③タマゴ（ライオン→イタチ→タワシ→ワカメ→カエル→エンピツ）
④アサガオ（コアラ→アライグマ→ラッコ→ツバメ→バイオリン→イルカ）

〈解答のポイント〉
「しりとり」は、お子さまが楽しく遊びながら語彙を増やすのにもってこいの遊びです。馬鹿にしないでやってみてください。最近は、単なるしりとりではなく、「後ろから2番目の音でつなぐ」や「真ん中の音で言葉を作る」といった出題が目立ちます。その意味でも、言葉の音に注目する機会の増える「しりとり」は優秀な言葉遊びなのです。

23 言語（言葉の音）　難易度 ☆☆☆☆☆

〈問題〉左側の四角の中にあるものの名前の初めの音をつなげると、あるものの名前になります。右側の四角の中から見つけて、○をつけてください。

〈筆記用具〉鉛筆

〈解答時間のめやす〉5分

〈解答〉①いす　②うきわ　③すいとう

〈解答のポイント〉
このような問題は、どれだけ語彙を知っているのか、どれだけ言葉遊びをしているのかがポイントです。子どもは言葉をどんどん吸収し、すぐに使おうとします。初めて見たものなどの名前を正しい名称で教えたり、図鑑などを見て興味を持たせて覚えさせれば、すぐにその言葉を使おうとするでしょう。気を付けたいのは周りにいる大人が正確な情報を教えることです。標準的な表現で教えないと、答えに困る問題も出てきます。

24 記憶（見る記憶）　難易度 ☆☆☆☆

〈準備〉あらかじめ問題24の絵を点線で切り分けておく。

〈問題〉この問題の絵は縦に使用してください。
ここはさまざまな動物たちが住んでいるマンションです。どこにどんな動物が住んでいるかよく見て覚えておいてください。
（☆の絵を15秒見せて隠し、★を渡して）
①1番右端の列にいた動物に○をつけてください。
②ヒツジの両隣の動物に○をつけてください。
③1番左端の1番上に住んでいる動物に◎を、1番左端の1番下に住んでいる動物に○をつけてください。

〈筆記用具〉鉛筆

〈解答時間のめやす〉1分

〈解答〉①カバ・ネコ　②キリン・カバ　③◎：トラ　○：ゾウ

〈解答のポイント〉
見る記憶の問題は、基本的には「全体→細部」を観察して覚えるのですが、こうした「上から何番目、右から何番目」といった形で多くのものが並んでいる絵は別です。座標の要素がある絵は「何がある」ということだけではなくて、座標・位置について出題されることが多いからです。写真を撮るように覚えられるなら別ですが、「何が」という情報と「どこに」にという情報を別々に覚えた方が混乱しないでしょう。難しいことではなく、この問題なら並んでいる順に動物覚えるといった工夫をすればよいです。

25 記憶（お話の記憶）

難易度 ☆☆☆☆☆

〈問題〉お話をよく聞いて後の質問に答えてください。
　　　　ゆずる君はイヌのモモを飼っています。モモは真っ白なイヌです
　　　が、生まれた子犬は左耳だけが黒くほかは白いイヌと真っ黒なイヌ
　　　でした。ゆずる君はモモと子犬たちのためにミルクを温めてあげ、
　　　新しいベッドを作りました。ゆずる君はイヌだけでなく金魚も飼っ
　　　ています。この金魚はお祭りの金魚すくいですくったもので、赤色
　　　の金魚2匹、白色の金魚1匹がいます。ゆずる君は金魚鉢をきれい
　　　に掃除し、新しい水草を入れてあげました。金魚たちは気持ちよさ
　　　そうに水草の間を泳いでいました。

　　　①上の段を見てください。ゆずる君がお家で飼っているものに○を
　　　　つけてください。
　　　②ゆずる君が飼っている金魚は全部で何匹ですか。その数だけ真ん
　　　　中の段に○をつけてください。
　　　③下の段を見てください。ゆずる君の家のモモが産んだ子犬に○を
　　　　つけてください。

〈筆記用具〉鉛筆

〈解答時間のめやす〉各30秒

〈解答〉①左端、右端　②○：3　③左から2番目、右から2番目

〈解答のポイント〉
　お話の記憶の問題です。お話自体は200字程度と短い内容ですが、
お話に出てくるものの色や柄など細かい描写も正確に聞き取らなけ
ればいけません。一度聞けば正確に聞き取ることができるお子さま
も少なからずいるでしょうが、お話を聞いて絵を思い浮かべるよう
にすれば、より正確に聞き取ることができます。日頃の学習では、
読み聞かせを終えた後に質問をして考えさせるように工夫をしまし
ょう。

26 複合（記憶・常識）

難易度 ☆☆☆☆☆

〈問題〉この問題の絵は縦に使用してください。
　　　　お話をよく聞いて後の質問に答えてください。
　　　　妹と友達のさっちゃんと私の3人で、お気に入りのうちわを持って
　　　盆祭りへ行きました。妹はチューリップ、私はアサガオ、さっちゃ
　　　んはヒマワリのうちわです。大きな太鼓の音がして、たくさんの人
　　　が踊っていました。いろいろなお店が出ていて、どこへ行こうか
　　　迷っていましたが、まず、最初は金魚すくいをしました。次は、綿
　　　アメを買って、そしてヨーヨー釣りをしました。風船に水が入った
　　　ヨーヨーは釣るのは、とても難しくて1つもとれませんでした。隣
　　　の風鈴屋さんがニコニコと笑って見ていたので、少し恥ずかしくな
　　　りました。風鈴の音はとてもキレイでした。その後、私たちは盆踊
　　　りをしました。汗をたくさんかいたので、ハンカチで汗をふきまし
　　　た。遠くで、大きな花火もあがりました。さっちゃんはうちわをバ
　　　タバタと振って大喜びしました。最後に、お母さんへのおみやげに
　　　トウモロコシを買って帰りました。

①左上の絵を見てください。上から順に私、妹、さっちゃんです。
　それぞれのうちわを選んで、鉛筆で線を引いて結んでください。
②右上の絵を見てください。盆踊りに行った時、何の音がしました
　か。○をつけてください。
③真ん中の段の絵を見てください。3人が遊んだり買ったりした順
　番に、絵の下の四角にその数だけ○をつけてください。
④1番下の段の絵を見てください。このお話に出てきたもの全部に
　○をつけてください。

〈筆記用具〉鉛筆

〈解答時間のめやす〉各30秒

〈解答〉下記参照

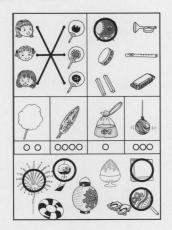

〈解答のポイント〉
記憶の問題というよりは、季節の常識を主に聞かれる問題です。小
学校受験では、盆祭が夏の行事としてよく出題されているのです
が、行わなくなった地域も多くなってきました。時代や環境の変化
が激しい現代ではこのようなギャップはどのような分野でも生まれ
るでしょう。保護者の方は、お子さまが困らないように知る機会を
設けてください。直接体験が難しければ、映像でも構いません。

27 記憶（見る記憶）　　　　　　　　　難易度 ☆☆☆☆☆

〈問題〉この問題の絵は縦に使用してください。
　　　　（問題27の絵を見せて）
　　　　この絵をよく見て覚えてください。
　　　　（20秒間絵を見せた後、絵を回収する）
　　　　今から質問しますので、答えてください。
　　　①巣箱には何羽入っていましたか。
　　　②枝に止まっている鳥は何羽いましたか。
　　　③木の周りを飛んでいる鳥は何羽いましたか。
　　　④絵の中の鳥は合計で何羽いましたか。

〈筆記用具〉なし

〈解答時間のめやす〉各30秒

〈解答〉①2羽　②1羽　③3羽　④6羽

〈解答のポイント〉
見る記憶の問題です。記憶する絵は一見単純に見えますが、鳥の位
置や動きなど、確認しておかなければならないことが多い複雑な絵
です。飛んでいる鳥、木に止まっている鳥など、動きがさまざまな
場合は特に注意して見る必要があるでしょう。前述したようにこう
した問題は絵を全体的に見た（俯瞰した）後、それぞれの細部を観
察すると効率よく記憶できます。「鳥が6羽いる」→「飛んでいる
鳥が3羽、木に止まっている鳥が3羽いる」→「木に止まっている
鳥のうち1匹だけが歌っている」といった形になります。情報を整
理すると覚えやすくなるので、こうした問題に合った観察方法では
ないでしょうか。

28 数量（数の構成）

〈筆記用具〉鉛筆

〈問題〉左の絵を見てください。小さなコップに入っている半分の水を大きなコップに入れると1つの目盛りの半分まで入りました。では、右の絵のように大きなコップの目盛りの1番上まで、小さなコップを3つ使って水を入れるには、下のどのコップを3つ選べばよいでしょうか。正しいものに○をつけてください。

〈解答時間のめやす〉1分

〈解答〉下図参照

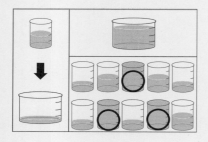

〈解答のポイント〉
一見推理の問題のように見えますが、単純にたし算をすれば答えは出るので数量の問題としています。お子さまがわからないとすれば「小さいカップの目盛り2つ分の水＝大きいカップの半目盛り分の水」という条件が理解できていないからでしょう。こうした問題の前提条件（小学校入試では「お約束」と言ったりします）の多くで「置き換え」が使われています。難関校の数量・推理の問題ではよく使われる考え方なので、理解しておくようにしましょう。

29 記憶（お話の記憶）

〈問題〉お話をよく聞いて後の質問に答えてください。
おやつの時間になりました。ブタさん、キリンさん、タヌキさんのお皿にはブドウ、カキ、ナシが1つずつ載っています。ブタさんはキリンさんにナシを1個、キリンさんはタヌキさんにブドウを1個、タヌキさんはブタさんにカキを1個あげました。このようにくだものをやりとりをした後に、それぞれのお皿に載っているくだものはどうなっているでしょうか。正しいものに○をつけてください。

〈筆記用具〉鉛筆

〈解答時間のめやす〉各30秒

〈解答〉ブタ：真ん中、キリン：右、タヌキ：左

〈解答のポイント〉
例えば、ブドウを「青のおはじき」、ナシを「緑のおはじき」、カキを「オレンジのおはじき」として、絵の上でお話の通りにおはじきを動かしてみてください。答えはすぐにわかります。多くものが移動して、登場人物も多いとなると、どうしても聞いている方は混乱しますが、目に見えるようにすればわかりやすくなるということです。入試ではそういうことはできないので、「頭の中のおはじきを動かす」という形で覚えることになります。慣れてくれば登場人物をイメージすると、持っているものも同時に把握できるようになりますが、最初のうちはそこまでできなくてよいでしょう。

30 数量（数える）

〈問題〉ヒガンバナとナデシコがたくさん咲いていたのでその数をかぞえました。わたしがヒガンバナ、お母さんはナデシコをかぞえました。どちらが何本多いでしょうか。多い方の四角の中にその数だけ○を書いてください。

〈筆記用具〉なし

〈解答時間のめやす〉30秒

〈解答〉○：3（母親）

〈解答のポイント〉

数量の問題です。ここでは10以上の数を数えるので、数え間違いなどのケアレスミスに気を付けましょう。10以上の数はひと目いくつあるかわからなくてもよいので、自分のわかりやすいように分けてください。1つの集合を「5と6」「3と3と5」といった形で分けると数えやすくなります。また、数える順番も「左から右」「上から下」というように、自分なりのルールを決めておくと取り掛かりが早くなるでしょう。

31 記憶（お話の記憶）

〈問題〉お話をよく聞いて後の質問に答えてください。

ゆきお君のお父さんはパン屋さんです。今日は父の日なので、ゆきお君は毎朝早起きをしてパンを作っているお父さんのお手伝いをすることにしました。ゆきお君は起きてからすぐにお店へ行きましたが、お父さんは白い帽子をかぶってすでにパンを作っていました。お父さんはびっくりしていましたが、赤色の星印がついた白い帽子をゆきお君にかぶらせてくれました。ゆきお君はお父さんに教えてもらいながら、丸いパンを6個と四角のパンを3個、三角のパンを4個作りました。お父さんはうれしそうに「ありがとう」とお礼を言いました。

①ゆきお君の帽子の星に正しい色を塗ってください。
②ゆきお君が作ったパンを全部で合わせると、いくつになりますか。○をつけてください。
③チケット3枚でパンを1つ交換することができます。パンを3つ交換するためにはチケットはいくつ必要ですか。○をつけてください。

〈筆記用具〉色鉛筆、鉛筆

〈解答時間のめやす〉各30秒

〈解答〉①赤色　②○：13　③○：9

〈解答のポイント〉

こうしたお話の記憶の問題は「『誰が』『何を』『〜した』といったお話のポイントを押さえる」「お話の場面を想像しながら聞く」といった基本が守れていないと、スムーズに答えるのが難しくなります。お話を丸暗記するわけにはいきませんから、1枚の絵のように場面をイメージしてみましょう。慣れてくると、登場人物のキャラクターもわかってきます。ここで言えばお父さんはうれしいけれど照れくさそうで、ゆきお君はいつも早起きしているお父さんを尊敬するといった感じです。お話のキャラクターがわかれば、話の展開も頭に入りやすくなるものです。

32 記憶（お話の記憶）　　難易度 ☆☆☆☆

〈問題〉お話をよく聞いて後の質問に答えてください。

　　　今日はクリスマスなので、クリスマスツリーを飾ったり、ごちそうやプレゼントを買ったりとても忙しい1日になりそうです。朝ごはんの後、みんなでそれぞれの役割を決めました。朝10時にお母さんとみやこちゃんはお父さんの運転する車でデパートへ買い物へ行きます。その間にお姉ちゃんとお兄ちゃんはお家の大掃除をします。お昼が過ぎて2時頃から、お姉ちゃんとお母さんはごちそうを作ります。みやこちゃんとお兄ちゃんとお父さんはクリスマスツリーの飾り付けや、食事をする時のテーブルの用意をします。夕食は近くに住んでいるおじいちゃんとおばあちゃんを呼んで、6時頃から食事をします。みやこちゃんはおじいちゃんとおばあちゃんの間に座りました。食事を済んでから、それぞれのプレゼントを交換します。

① 上の段を見てください。ここに時計があります。お母さんとみやこちゃんがお父さんの車でデパートへ向かう時刻はいつですか。〇をつけてください。

② 左下の四角を見てください。夕食の時に、合計で何人になりますか。その数の〇が書いてある四角に〇をつけてください。

③ 右下の四角を見てください。絵のように、みんながテーブルの前に座って、それぞれのプレゼントをテーブルの前に置きました。テーブルを回し、おじいちゃんのプレゼントが、お兄ちゃんのところまで来た時にストップの声がかかりました。その時、その前にあるものがその人のプレゼントです。それぞれ誰が誰のプレゼントをもらいましたか。話してください。

〈筆記用具〉鉛筆

〈解答時間のめやす〉各30秒

〈解答〉①左から2番目　②1番下　③省略

〈解答のポイント〉

この問題の難しいポイントは、「誰が」「いつ」「何を」したのか、正確に聞き取らなければならないことでしょう。登場人物が7人と多く、行動の内容・タイミングもそれぞれだからです。お話の場面をイメージするだけでは記憶しきれないかもしれないので、お話の流れも同時に把握するようにしましょう。「クリスマスパーティーの準備」→「お母さん、お父さん、みやこちゃんは買い物」→…といった形です。全部を覚えようとするのではなくて、どのようにして覚えやすくするかを工夫した方がよい問題です。

◯問題集ワンポイントアドバイス

①アドバイスを読んでから問題を始めると効果的!

②イラストページはミシン目で切り離して使いましょう!

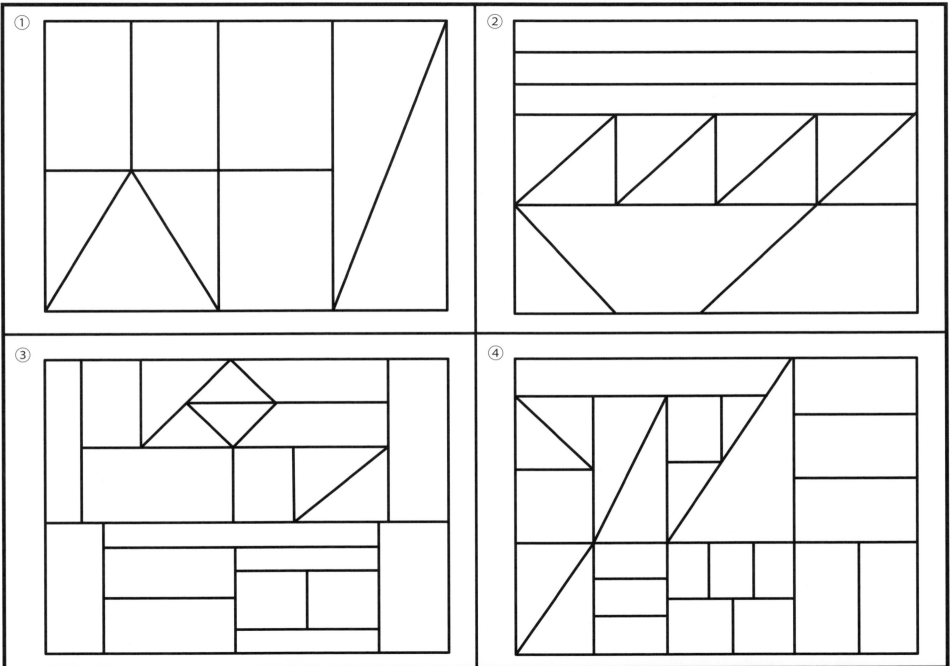

日本学習図書株式会社

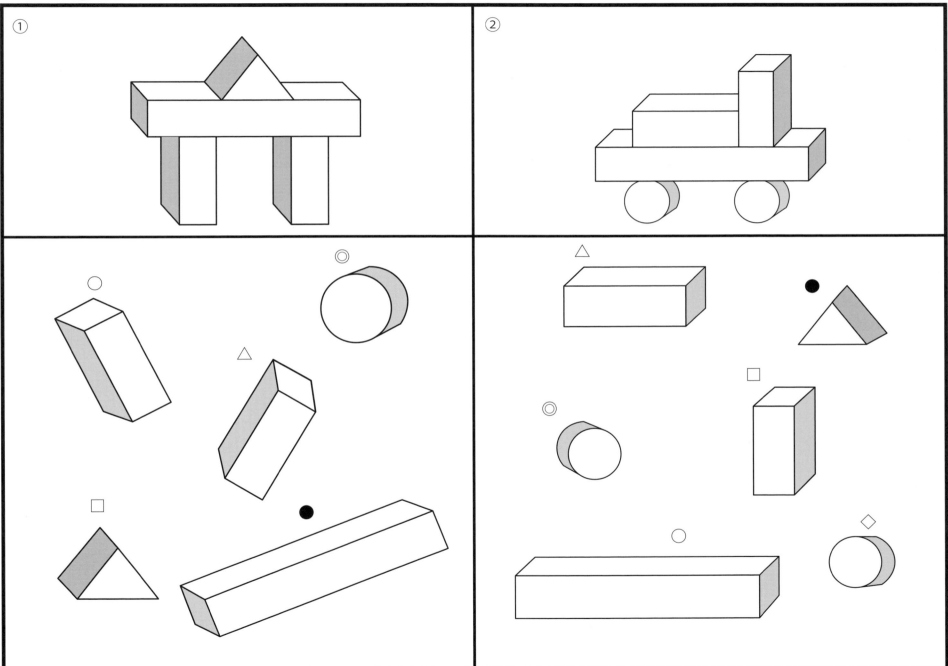

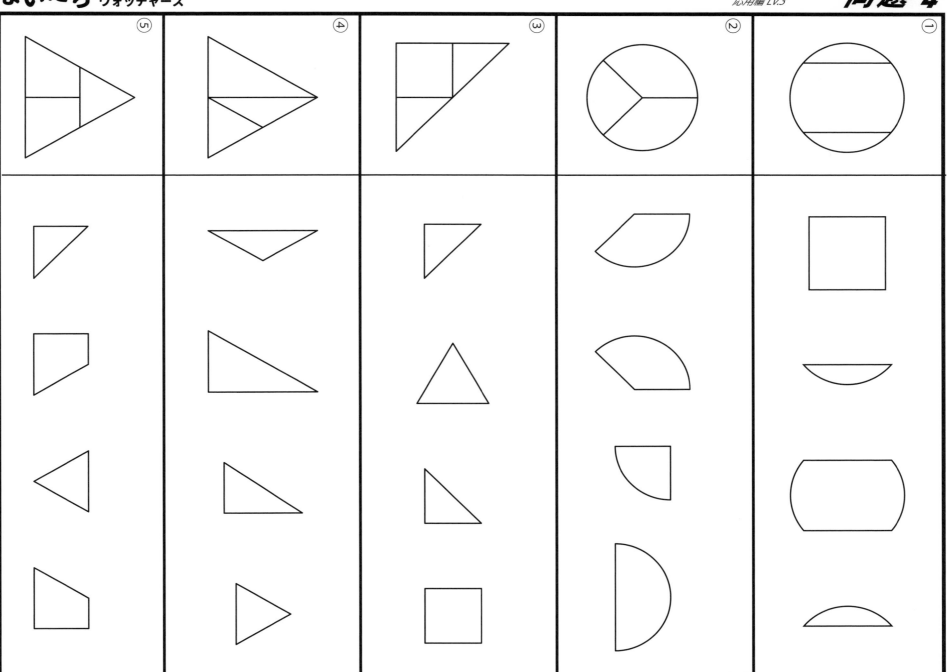

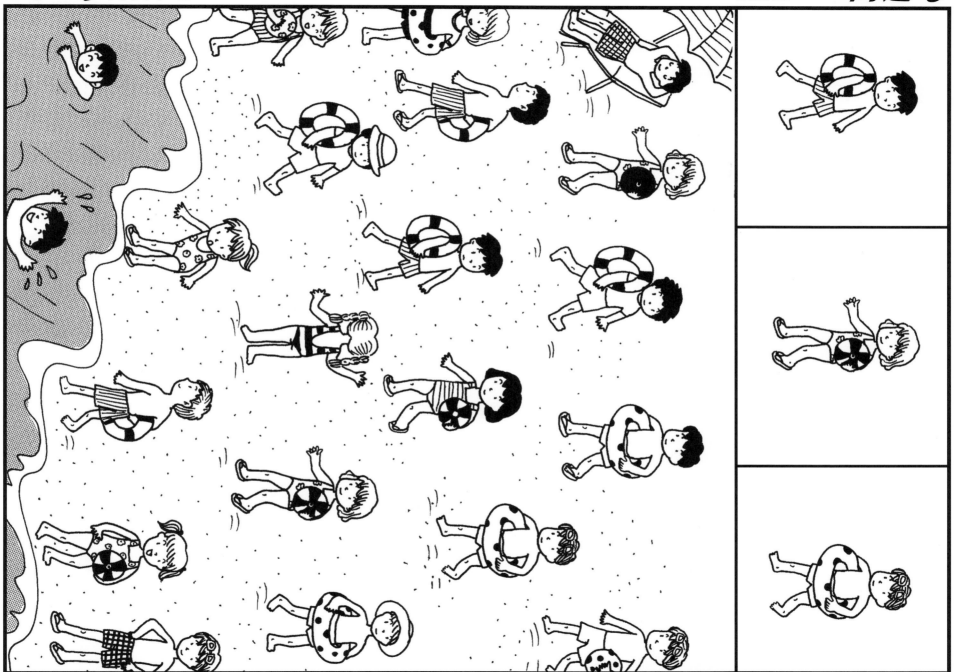

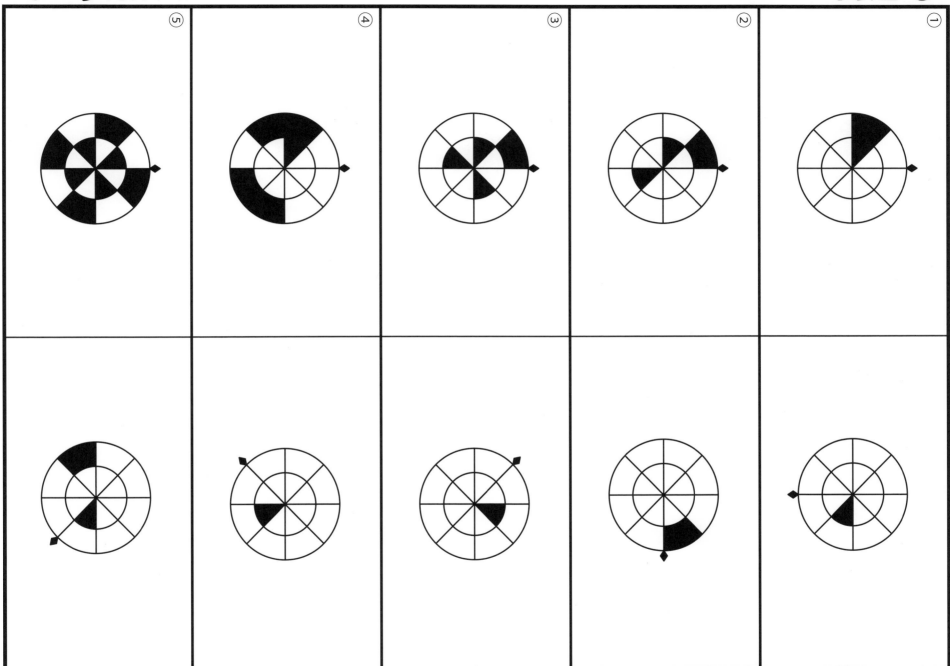

日本学習図書株式会社

まいにち ウォッチャーズ

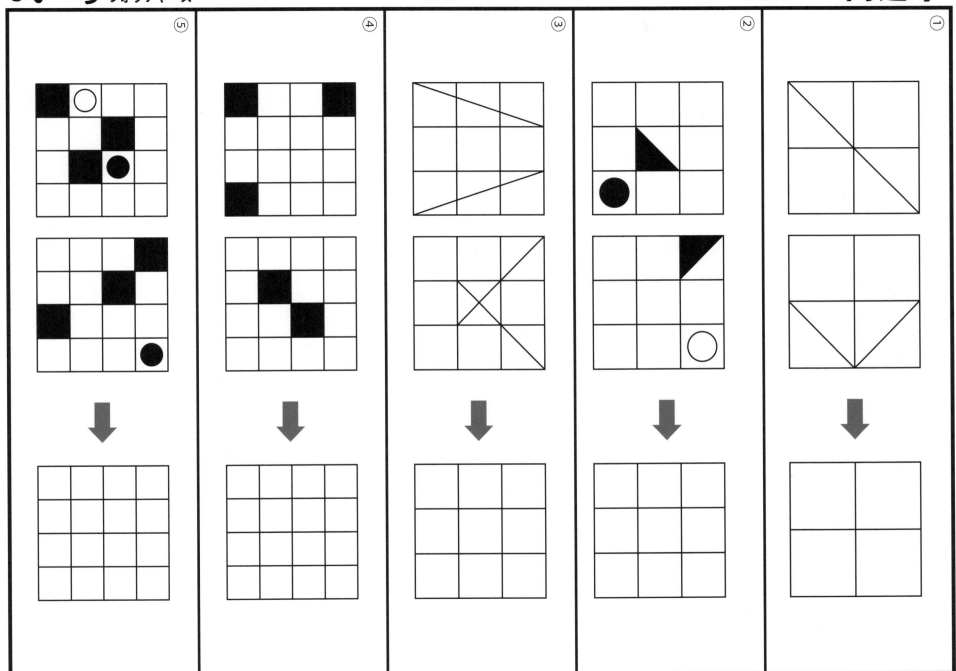

日本学習図書株式会社

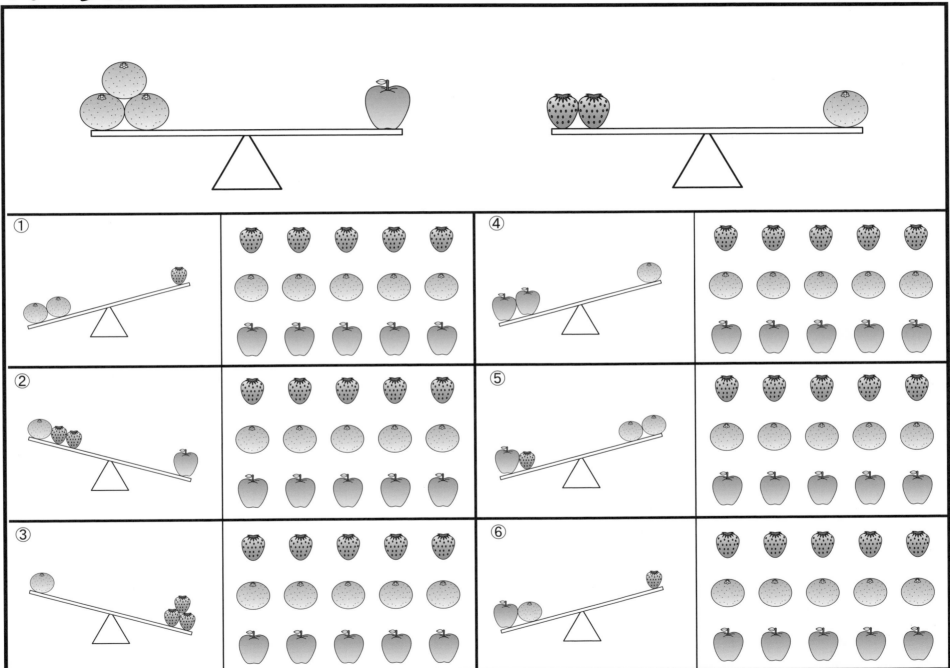

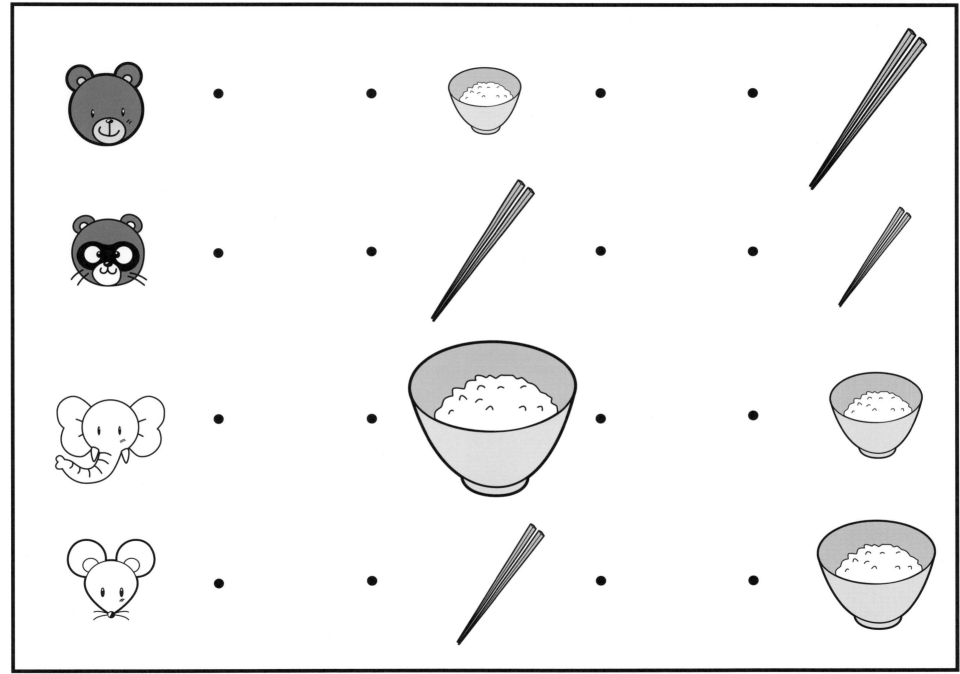

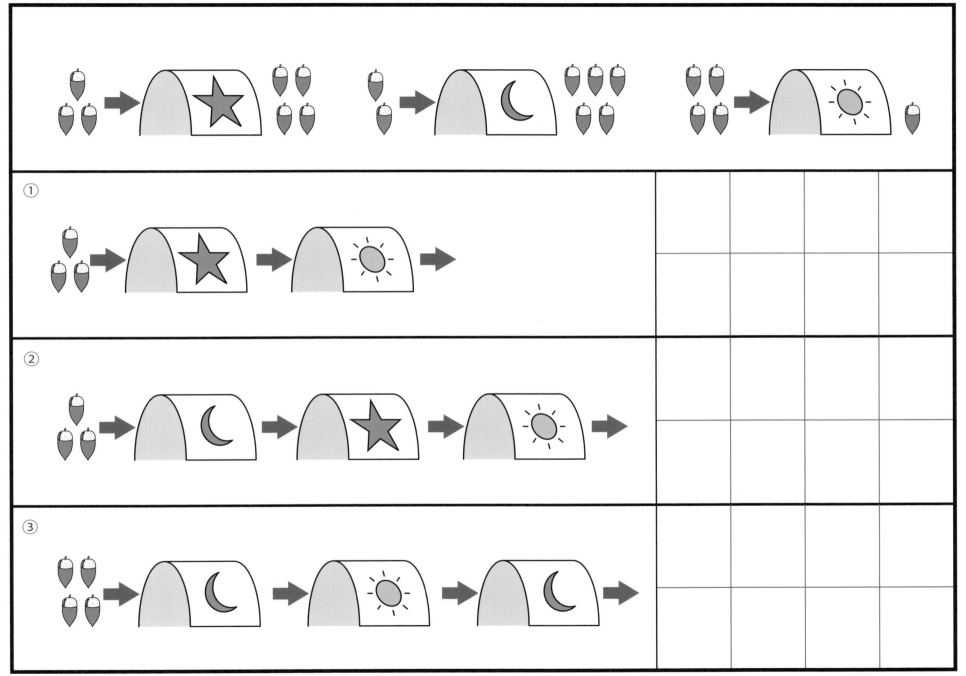

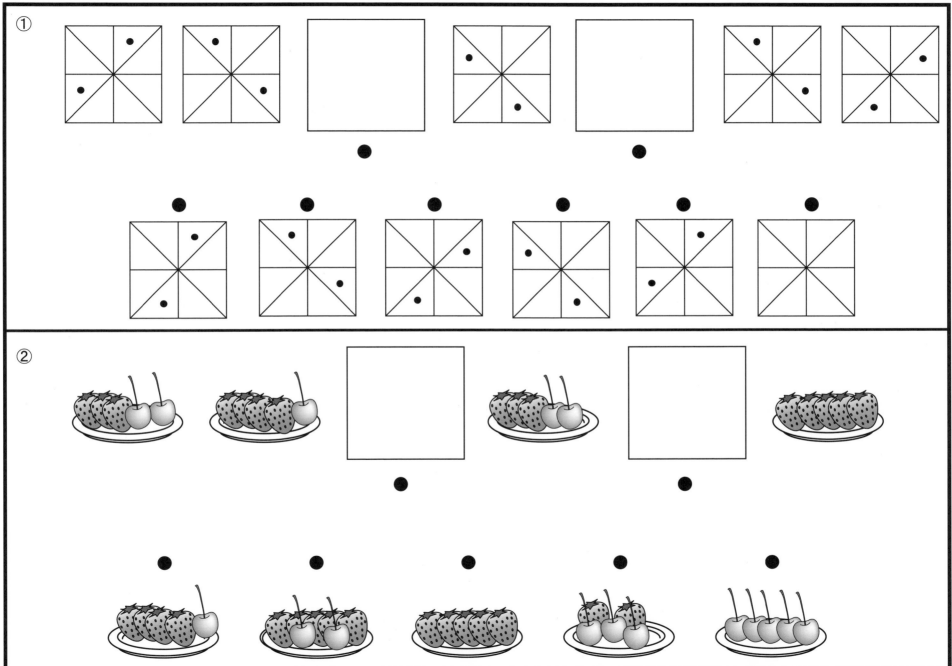

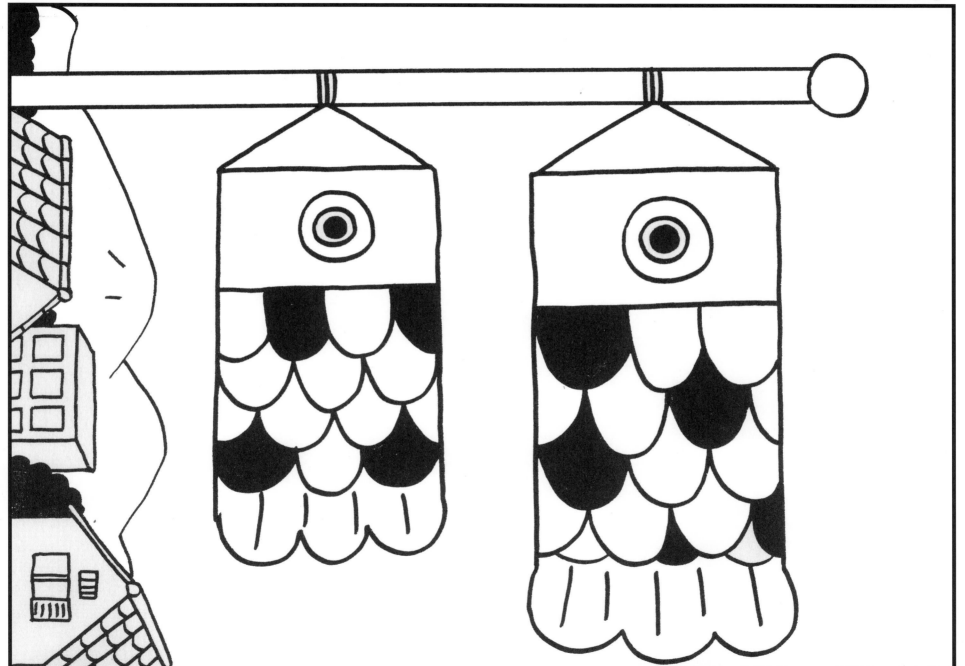

日本学習図書株式会社

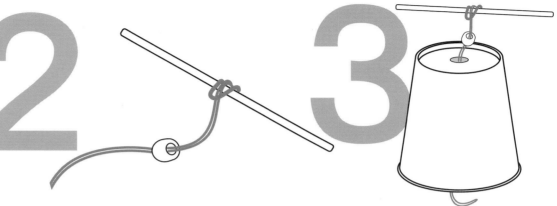

予め、紙コップの底面中央に穴を開けておく

切ってある輪ゴムを竹の棒に結び、
ビーズを通す

紙コップの裏から穴に通して

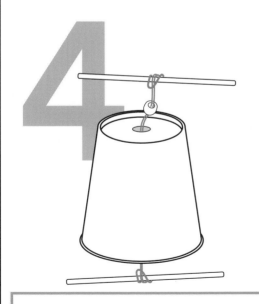

下から出した輪ゴムの端を別の竹の棒に結ぶ

テスターのところまで持って行き、
セロハンテープで留めてもらう

シールやフェルトペンで
模様を付ける

日本学習図書株式会社

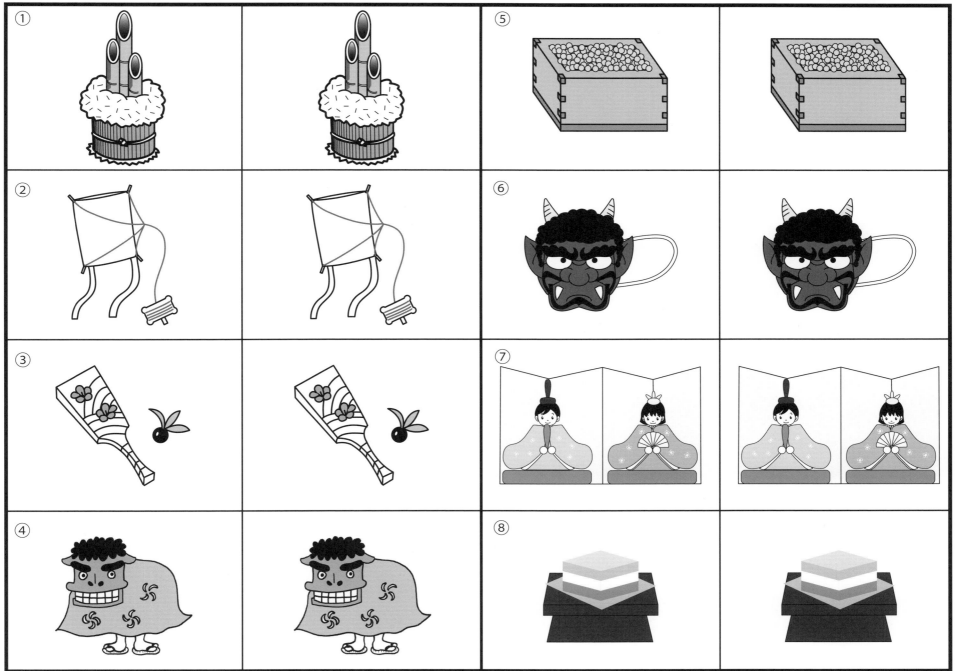

日本学習図書株式会社

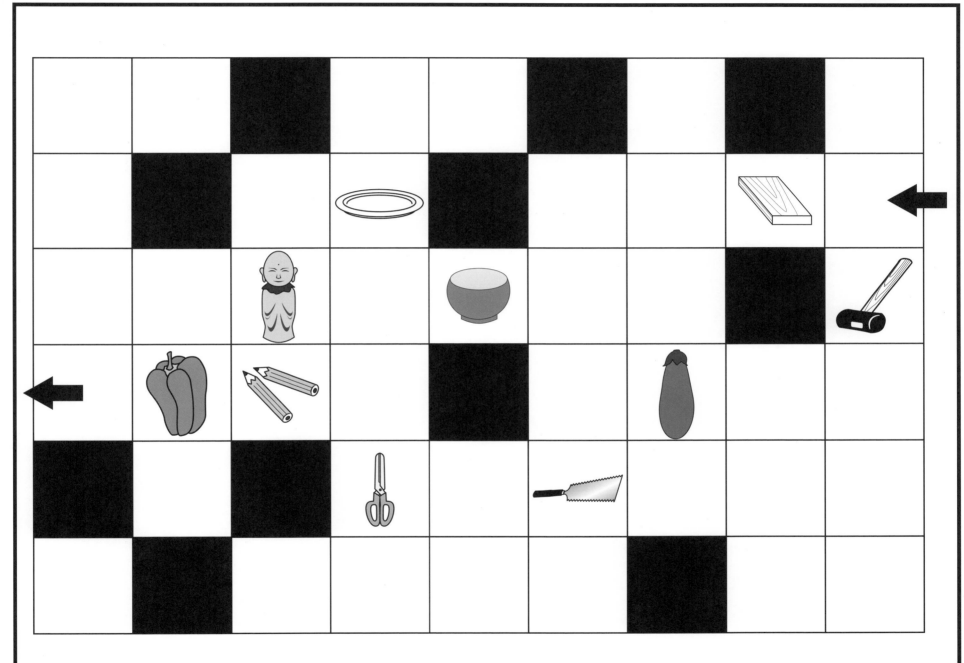

①

②

③

④

⑤

日本学習図書株式会社

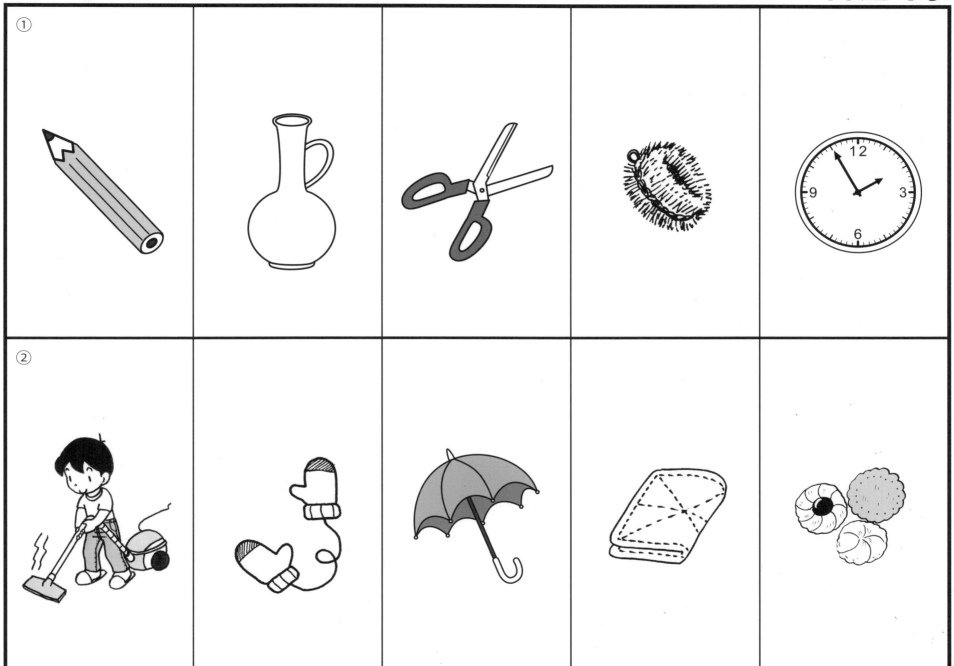

日本学習図書株式会社

日本学習図書株式会社

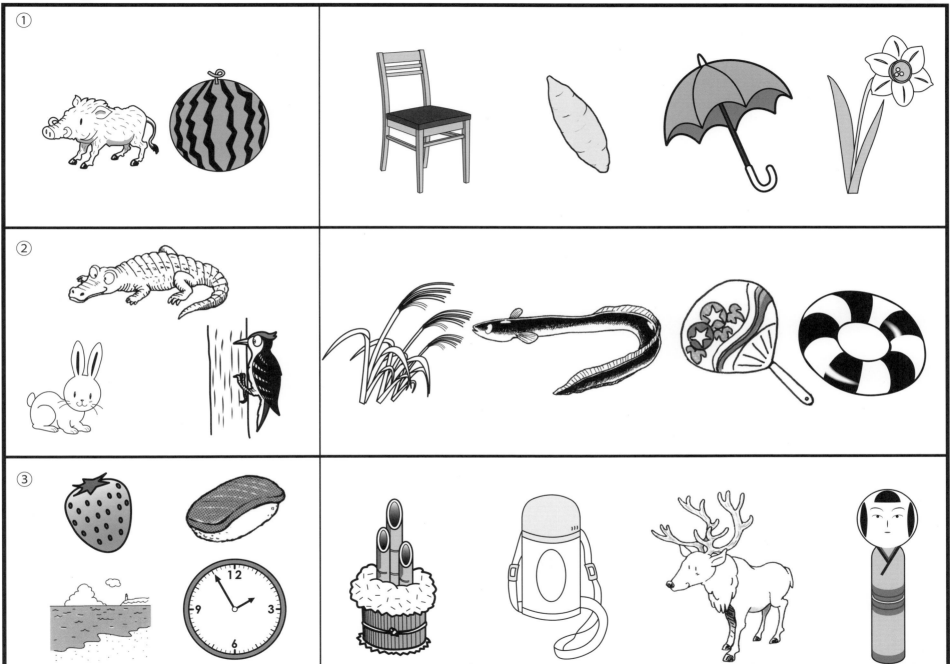

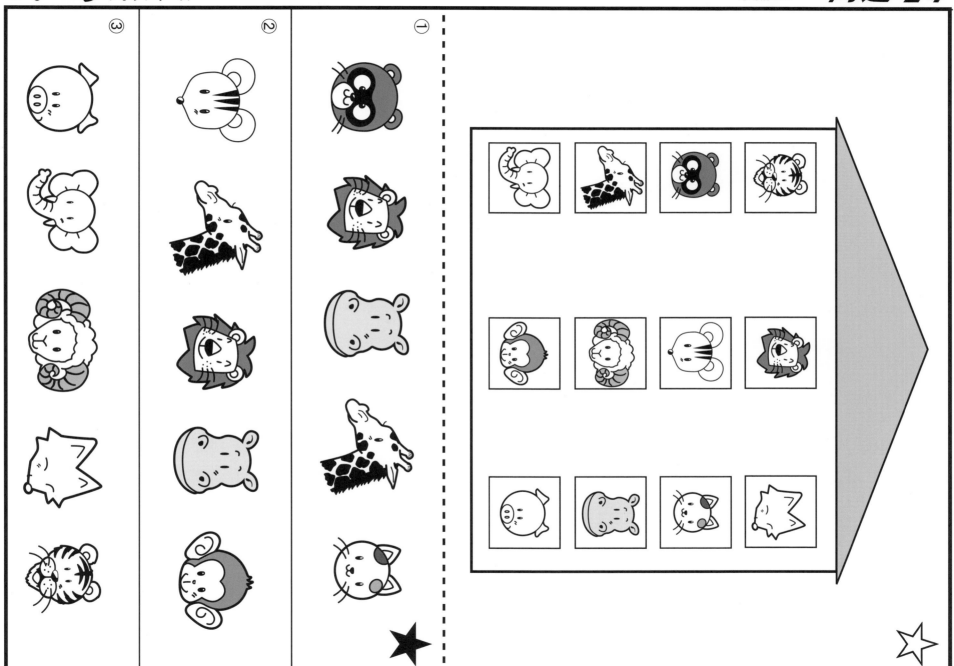

①

   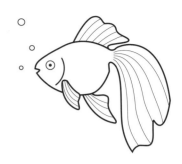

②

③

日本学習図書株式会社

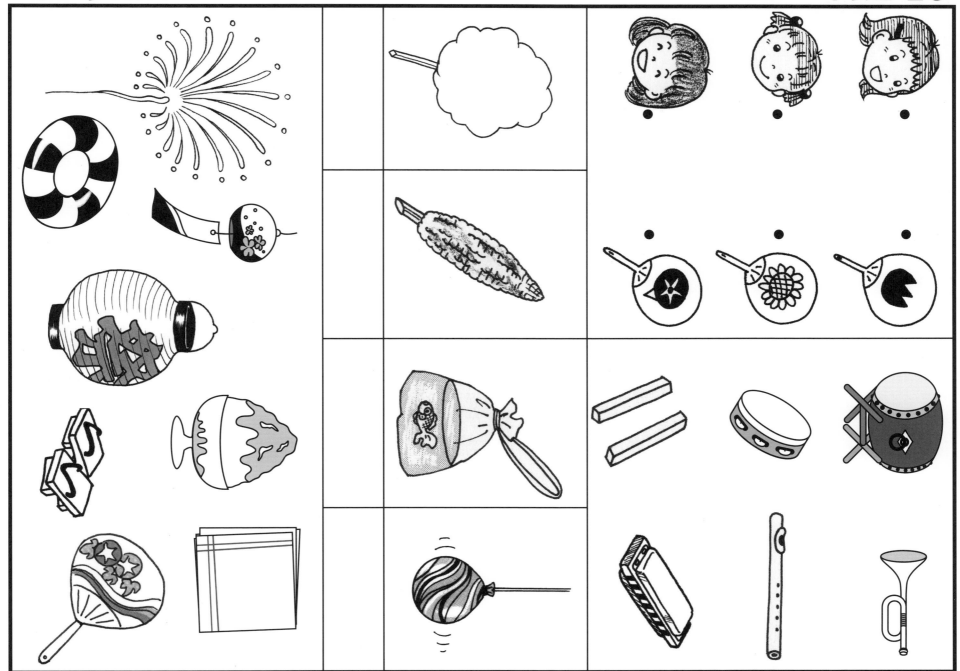

日本学習図書株式会社

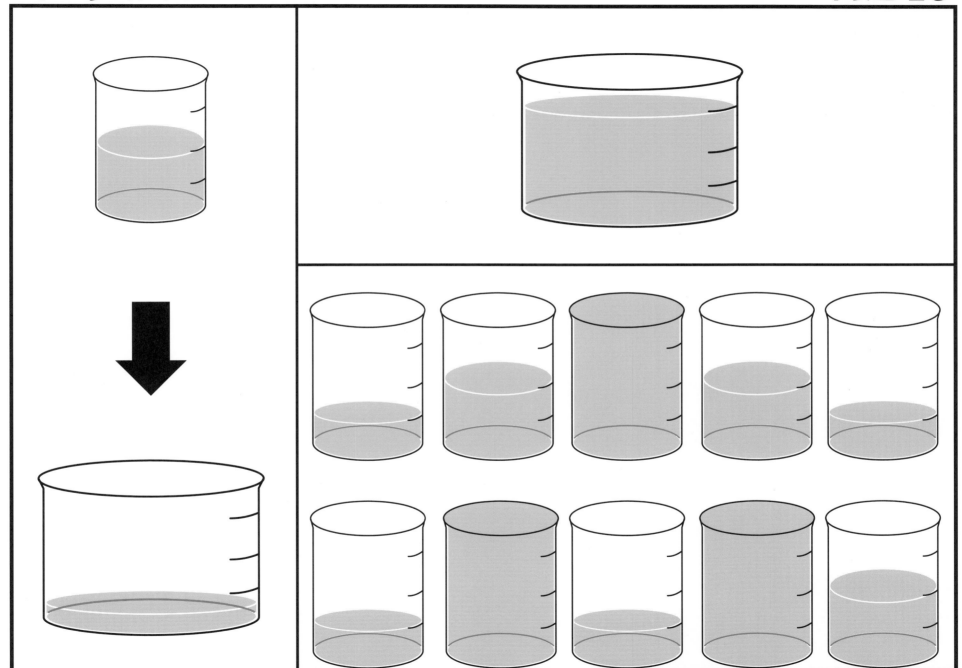

日本学習図書株式会社

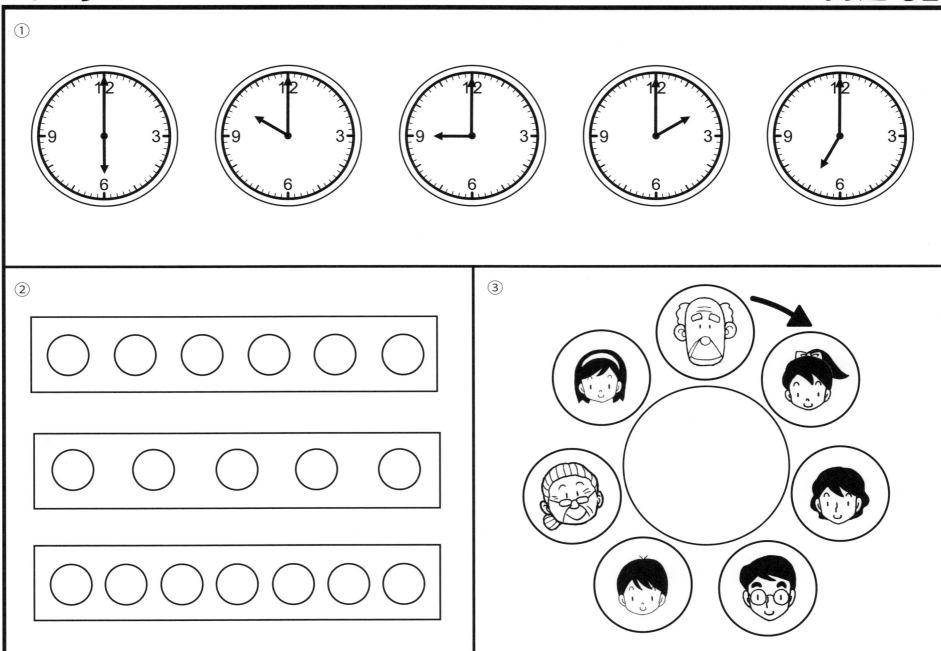